Hansgeorg Bräutigam

Das SED-Unrecht und seine strafrechtliche Verfolgung

Schriftenreihe der Juristischen Gesellschaft zu Berlin

—

Heft 202

Hansgeorg Bräutigam

Das SED-Unrecht und seine strafrechtliche Verfolgung

Ein Richter erinnert sich

DE GRUYTER

Hansgeorg Bräutigam
Ehemaliger Vorsitzender Richter am Landgericht Berlin

ISBN 978-3-11-156942-0
e-ISBN (PDF) 978-3-11-156954-3
e-ISBN (EPUB) 978-3-11-157005-1
DOI https://doi.org/10.1515/9783111569543

Bibliografische Information der Deutschen Nationalbibliothek
Die Deutsche Nationalbibliothek verzeichnet diese Publikation in der Deutschen Nationalbibliografie;
detaillierte bibliografische Daten sind im Internet über http://dnb.dnb.de abrufbar.

www.degruyter.com

Vorwort

In den letzten 12 Jahren meiner richterlichen Tätigkeit am Landgericht Berlin habe ich erfahren müssen, wie eine von der SED gesteuerte Justiz unter dem Deckmantel eines justizförmigen Verfahrens Menschen systematisch zerbrochen und Lebensschicksale zerstört hat. Zugleich musste ich in vielen Verfahren den nach Gerechtigkeit suchenden Opfern vermitteln, dass dem Rechtsstaat bei der Verfolgung des Unrechts und der Wiedergutmachung von Schäden Grenzen gesetzt sind. In Veröffentlichungen und Vorträgen ist es mein Ziel, an das SED-Unrecht zu erinnern. Erinnerung gehört zur Aufarbeitung. Ich danke der Juristischen Gesellschaft zu Berlin, dass ich darüber berichten durfte und danke für die Veröffentlichung meines Vortrags in dieser Schriftenreihe.

Im August 2024   Hansgeorg Bräutigam

Inhalt

Vortrag vor der Juristischen Gesellschaft zu Berlin am 4. Oktober 2023 im Plenarsaal des Kammergerichts

I Einführung

Es ist mir eine Freude, Ihnen über die Probleme der strafrechtlichen Aufarbeitung des DDR-Unrechts berichten zu dürfen. Das heißt, strafrechtliche Verfolgung derjenigen, die sich im Rahmen der politisch motivierten Verfolgung strafbar gemacht haben. Dazu gehören die Todesschüsse an der Berliner Mauer und an der innerdeutschen Grenze, strafrechtliche Verfolgung derjenigen, die sich im Rahmen der politisch motivierten Verfolgung strafbar gemacht haben, Rechtsbeugung durch Richter und Staatsanwälte, und die Verfolgung der Untaten der Staatssicherheit der DDR.

Mein Dank gilt der Berliner Juristischen Gesellschaft für diese Einladung. Es ehrt mich, ist aber auch eine besondere Herausforderung, vor heimischem Publikum zu sprechen. Ich werde u. a. aus meiner Erfahrung als Vorsitzender einer Schwurgerichtskammer am Landgericht Berlin berichten.

Am 3. Oktober 2023 konnten wir dankbar den 33. Jahrestag der Beendigung der Teilung Deutschlands feiern. 90 Jahre ist es her, dass in Deutschland die Nationalsozialisten an die Macht kamen. Ihr verbrecherischer Krieg und ihr Morden hat nicht nur großes Elend und Leid über Europa gebracht, sondern nebenbei auch dazu geführt, dass Deutschland 45 Jahre geteilt geblieben ist. Mit meinem Vortrag möchte ich heute an das Unrecht im SED-Staat DDR erinnern, dem die Bevölkerung der DDR am 9. November 1989 ein Ende bereitet hat. Erinnerung gehört untrennbar zur Aufarbeitung.

Die Geschichte, die ich Ihnen erzähle, beginnt für mich mit dem 9. November 1989. Ich war damals mit meiner Frau Gast der Festveranstaltung zur Verleihung des Goldenen Lenkrades im Berliner Verlagshaus Axel Springer und wurde, wie alle, überrascht, als plötzlich der Chefredakteur der Berliner Morgenpost an das Mikrofon trat und mitteilte, die Mauer sei offen.

Manche von Ihnen werden sich an die Worte des SED-Sekretärs Günter Schabowski erinnern, der auf eine Reporterfrage irritiert antwortete, „sofort unverzüglich". Der Regierende Bürgermeister und Senatoren verließen sofort die Ver-

---

Anmerkung: Der Vortrag beruht auf meinem Buch „Aufarbeitung des SED-Unrechts – Erinnerungen eines Richters", Berlin Story Verlag, 2021.

anstaltung, meine Frau und ich fuhren sofort nach Hause, um die dramatischen Ereignisse am Fernsehschirm zu verfolgen.

Als Vorsitzender einer Wirtschaftsstrafkammer dachte ich nicht daran, dass meine persönliche juristische Tätigkeit davon betroffen sein würde. Ich hatte die Vorstellung, nun vielleicht in den Spreewald oder nach Rügen fahren zu können und dass die schikanierenden Grenzkontrollen ein Ende hätten. Als West-Berliner hatte und habe ich es noch immer im Ohr – machen Sie mal das rechte Ohr frei, Waffen, Funkgeräte, Munition – ob in Dreilinden, Marienborn oder Rudolphstein – immer war es die falsche Spur. Aufatmen konnte man erst nach dem Verlassen der Transitstrecke.

Spätestens am 3. Oktober 1990 hatte sich die Situation für mich verändert. Der Einheitsvertrag lag auf dem Tisch und eröffnete die strafrechtliche Verfolgung von Unrecht in der ehemaligen DDR, aber wohlgemerkt nach DDR–Recht. Wie sollte das geschehen?

II Historischer Überblick

Lassen Sie einen kurzen historischen Überblick zu.

Am 8. Mai 1945 endet der 2. Weltkrieg. Die Sowjetunion besetzt Berlin. Entsprechend der Vereinbarung der Siegermächte wird Berlin in vier Sektoren aufgeteilt. Aus Moskau kommt die Gruppe Ulbricht nach Berlin und baut die Verwaltung nach sowjetischem Muster auf. Walter Ulbricht wörtlich: „Es muss demokratisch aussehen, aber wir müssen alles in der Hand haben", so berichtet Wolfgang Leonhard in seinem Buch „Die Revolution entlässt ihre Kinder".[1] Seit 1948 ist Europa geteilt in West und Ost. Der Eiserne Vorhang. 17. Juni 1953 – der Aufstand in der DDR wird durch die Sowjets unterdrückt, ebenso 1956 in Ungarn und 1968 der Prager Frühling. 1958 droht Chruschtschow mit dem Ultimatum – soll Berlin eine freie Stadt werden? Am 13. August 1961 erfolgt der Bau der Berliner Mauer. Seitdem wird auf Flüchtlinge geschossen. An der innerdeutschen Grenze werden Minen verlegt. Das Viermächteabkommen vom 3. September 1971 über Berlin macht die Reise-Korridore sicher.

Es ist keine vier Monate her, dass des 70. Jahrestages des Volksaufstandes vom 17. Juni 1953 gedacht wurde. Die Menschen in der DDR haben sich vor 70 Jahren nicht nur gegen Arbeitsbedingungen gewehrt, sondern sind für freie Wahlen, demokratische Rechte und die Wiederherstellung der deutschen Einheit aufgestanden. Sowjetpanzer, Volkspolizei und Staatssicherheit haben dem ein schnelles Ende ge-

---

1 Wolfgang Leonhard, Die Revolution entlässt ihre Kinder, Kiepenheuer & Witsch, 2005, S. 440.

breitet. 55 Menschen starben im Kugelhagel und mehr als 10.000 sind zu schweren Haftstrafen oder zum Tode verurteilt worden. Auch der 13. August liegt nicht lange zurück, der Tag an dem 1961 der damals für die Sicherheit zuständige Egon Honecker auf Befehl von Walter Ulbricht die Berliner Mauer errichten ließ. Man spricht heute von 140 Toten zwischen 1961 und 1989. Anlass genug, über das Unrecht im SED-Staat DDR nachzudenken.

III Beginn der strafrechtlichen Aufarbeitung

Neben dem Vorsitz in der Wirtschaftsstrafkammer übertrug mir das Präsidium des Landgerichts den Vorsitz einer Strafkammer mit der Zuständigkeit für Kassation und Rehabilitierung. Sofort setzte eine Antragsflut auf Aufhebung von Unrechtsurteilen der DDR–Justiz ein. Allein im Berliner Bereich gingen weit über 20.000 Anträge ein, dahinter steckten weit über 20.000 Einzelschicksale. Die gut ausgestattete Bibliothek des Amtsgerichts Tiergarten und des Kammergerichts versorgte uns mit Gesetzesmaterialien und mit der etwas spärlichen juristischen Strafrechtsliteratur aus der DDR. Es musste nach Gerichtsakten gesucht werden. Adressaten waren die Geschäftsstellen der ehemaligen Stadt – und Kreisgerichte sowie der Staatsanwaltschaften der DDR, die Haftanstalten und natürlich die Bundesbehörde des Bundesbeauftragten für die Unterlagen des Staatssicherheitsdienstes der ehemaligen Deutschen Demokratischen Republik, damals kurz genannt die Gauck-Behörde. Sie machte es uns anfangs ungemein schwer, die Akten zu bekommen. Anfangs musste entweder ein Richter oder ein Staatsanwalt die Akten, sofern welche gefunden wurden, abholen. Zur Erklärung: Das Archiv umfasst 240 km Akten, 6 Millionen Personen-Dossiers, davon 4 Millionen DDR-Bürger, Operativpläne u. a. m. 1989 gab es noch 90.000 hauptamtliche Mitarbeiter und 174.000 aktive IM, während der ganzen DDR-Zeit zählte man 600.000 IM. Erstmals bekam ich hier einen bleibenden Eindruck von den rechtsstaatswidrigen Urteilen, die eine willfährige und vom Politbüro gesteuerte DDR-Justiz zu verantworten hatte. Zur Durchführung der sozialistischen Gesetzlichkeit waren zwar die Organe der Rechtspflege berufen. In letzter Instanz war aber das Politbüro der SED Herr des politischen Strafverfahrens.

Das Thema Strafverfolgung berührte mich noch nicht. Erst 1993 musste ich mich mit dem Problem der Rechtsbeugung durch Richter und Staatsanwälte der DDR auseinandersetzten. Das Thema war mir seit 1968 bewusst, aber in anderem Zusammenhang. Damals wurde deutlich, dass die deutsche Justiz zwischen 1933 und 1945 eklatant versagt hatte und es der Nachkriegsjustiz nur unzureichend gelungen war, die deutsche NS-Vergangenheit aufzuarbeiten. Nicht von ungefähr war die Rede von den „furchtbaren Juristen".

In der Nachkriegszeit waren in der Bundesrepublik im Zuge der 131er Gesetzgebung[2] viele belastete Richter und Staatsanwälte aus der Nazi–Zeit wieder in die Justiz übernommen worden. Einige von ihnen waren sogar in höchste Ämter gelangt. Ich erinnere an den Vortrag vor der Juristischen Gesellschaft zu diesem Thema. Kein Richter des Volksgerichtshofes ist für das von ihm begangene Unrecht zur Verantwortung gezogen worden. Ein Vorsitzender Richter am Berliner Landgericht hatte gemeint, auch ein totalitärer Staat hätte ein Recht auf Selbstbehauptung. Aufarbeitung heißt – wie eingangs bemerkt – auch Erinnerung, die mir im Hinblick auf die dramatischen Folgen des nationalsozialistischen Hitlerregimes für Deutschland in Vergessenheit zu geraten scheint.

Würde nach der Wiedervereinigung beider deutscher Staaten eine ähnliche Begründung auftauchen? Auch die DDR war ein totalitärer Staat. Es gab keine unabhängige Justiz, keine richterliche Kontrolle bei Freiheitsentzug, keine Freizügigkeit.

Unter dem Deckmantel des Anspruches, die allein für richtig gehaltene sozialistische Staats- und Gesellschaftsordnung durchzusetzen, weil nur auf diese Weise die nach Meinung der Partei anerkennenswerten Interessen der Werktätigen zu schützen waren, hatte die Parteiführung der SED eine Staatsmacht aufgebaut, die notfalls auch solche Maßnahmen ergriff, die außerhalb rechtsstaatlicher Grundsätze eines demokratischen Rechtsstaats lagen, um Verstößen einzelner Bürger gegen die (angeblichen) Interessen des Staates zu begegnen.

Viele meiner Kollegen wollten – wie auch ich – nach 1990 anders und besser mit der Frage der Rechtsbeugung umgehen. Es ist nicht gelungen. Die Aufarbeitung des Unrechts im Bereich der Rechtsbeugung ist nach meiner Auffassung wieder gescheitert. Nach den damaligen Zahlen der STA II bei dem LG Berlin sind rund 40.000 Ermittlungsverfahren wegen Rechtsbeugung eingeleitet worden. 90 % davon sind eingestellt worden. Nur 280 Rechtsbeugungsverfahren sind überhaupt von der Staatsanwaltschaft zur Anklage gebracht worden. Davon haben viele Verfahren mit Nichteröffnung oder Freispruch geendet. Es lag nicht zuletzt an den mangelhaften personellen Ressourcen und wohl auch an der unverändert stringenten Rechtsprechung des 5. Strafsenats des BGH.

Aber zunächst begegnete mir die ehemalige DDR anders. Ich erinnere mich gut, mit welchen Finessen damals der alte SED-Kader nachhaltig darum kämpfte, das Vermögen der SED zu verschleiern und für sich politisch nutzbar zu machen. Ich erinnere mich deshalb, weil ich in meinem letzten großen Wirtschaftsstrafver-

---

2 1951 verabschiedete der Bundestag das „Gesetz zur Regelung der Rechtsverhältnisse der unter Artikel 131 des Grundgesetzes fallenden Personen". Dieses Gesetz regelte die Rechtsstellung der Beamten des „Dritten Reiches" in der neuen Bundesrepublik.

fahren den neuen Führungskader der SED/PDS kennenlernte. Die SED hatte sich auf ihrem ersten außerordentlichen Parteitag am 17. Dezember 1989 trotz der im Herbst 1989 eingetretenen politischen Veränderung nicht aufgelöst, wie es einzelne Delegierte gefordert hatten. Stattdessen beschloss die Mehrheit der Delegierten unter dem Vorsitz von Gregor Gysi die Fortführung der SED als neue sozialistische Partei mit dem vorläufigen Zusatz „PDS", und zwar bewusst als Rechtsnachfolgerin der SED, um das Vermögen der SED zu retten. Die SED verfügte damals über einen umfangreichen Immobilienbestand. Der Barbestand des Vermögens belief sich im Herbst 1989 auf etwa 6,2 Milliarden Mark/DDR. Die Sicherung dieses Vermögens war entscheidend für die Partei und ihr politisches Überleben. Mitglieder und Funktionäre fürchteten, die Partei könne enteignet oder gar verboten werden und man müsse sich in die Illegalität flüchten. So beschloss das Präsidium bereits am 21. Dezember 1989, das vorhandene Parteivermögen zu erhalten, noch effektiver für die Durchsetzung der Parteiarbeit für den Wahlkampf und im Interesse aller Mitglieder der SED/PDS zu nutzen und gleichzeitig wirksame Schritte gegen mögliche Angriffe auf das Eigentum der SED/PDS einzuleiten. Als der Ministerpräsident der DDR aufgrund der Änderung des Parteiengesetzes eine Unabhängige Kommission zur Überprüfung des Vermögens der Parteien und Massenorganisationen (UKPV) einsetzte und das Vermögen der in der DDR tätigen Parteien rückwirkend zum 7. Oktober 1989 unter die treuhänderische Verwaltung der Unabhängigen Kommission stellte, brannte die Situation.

So wurde ich 1991 als Vorsitzender einer Wirtschaftsstrafkammer mit dem sog. Putnik-Deal befasst. Führende Funktionäre der SED/PDS hatten 1990 im Spätsommer mit Hilfe einer fingierten Forderung – es sollten angeblich Altschulden an eine russische Firma bezahlt werden – und einem raffiniert getarnten Manöver 107 Millionen DM aus Berlin abgezogen und schließlich über mehrere Bankstationen 91 Millionen DM nach Oslo verbracht.

Unmittelbar nach diesem Verfahren bestellte mich das Präsidium zum Vorsitzenden der Schwurgerichtskammer 27. Deren Vorsitzender war vorzeitig in den Ruhestand getreten. Die Kammer wurde zuständig für die Buchstaben H und M, d. h. die Kammer war für Honecker und Mielke zuständig, je nachdem wer der älteste Angeklagte ist. Jetzt wurde es ernst für mich. Der Versuch, aus der ehemaligen DDR zu fliehen, hatte 140 Menschen an der Berliner Mauer ihr Leben gekostet. Die Zahlen differieren allerdings. Zwischen 1946 und dem 9. November 1989 gab es 270 nachweisliche Todesfälle infolge eines Gewaltaktes – wie Schusswaffengebrauch und Minendetonationen.

Wie sollte das aufgearbeitet werden? Wer war strafrechtlich verantwortlich? Zu erinnern ist dabei, dass noch im Dezember 1989 die DDR-Justiz selbst gegen Spitzenfunktionäre Ermittlungsverfahren eingeleitet hatte, zwar vorwiegend wegen Korruptionsvorwürfen und Wahlfälschung, aber auch wegen der Todesfälle an der Grenze, wobei Erich Honecker schnell als haftunfähig galt. Er wurde bekanntlich von sowjetischem Militär nach Moskau ausgeflogen und hatte dort in der chilenischen Botschaft Zuflucht gesucht.

Gegen den 83 Jahre alten Erich Mielke, der in Untersuchungshaft saß und Verhandlungsunfähigkeit vortäuschte, hatte die Berliner Staatsanwaltschaft sofort Anklage wegen des fast 60 Jahre zurückliegenden Polizistenmordes am Bülowplatz (1931) erhoben. Die Sache war nicht verjährt. Die Sowjets hatten die Akten konfisziert. Sie standen nun wieder zur Verfügung.

Weswegen begann nun die Reihe der Gerichtsverfahren nicht gegen die Führungskader der SED, sondern zunächst mit den sog. Mauerschützenverfahren gegen die Grenzsoldaten? Warum erst die Kleinen und erst später die Großen?

Die Schützen kamen als unmittelbare Täter in Betracht. Der Einstieg war hier leichter möglich, weil die 1991 in Berlin eingerichtete Zentrale für die Regierungs- und Vereinigungskriminalität (ZERV) und die gesondert eingerichtete Staatsanwaltschaft II für die Regierungskriminalität auf die Akten der Zentralen Beweismittel- und Dokumentationsstelle der Landesjustizverwaltungen in Salzgitter zurückgreifen konnte.

Diese Zentralstelle hatte ihre Arbeit bereits am 24. November 1961 aufgenommen. Sie hatte die Aufgabe, Hinweisen auf vollendete oder versuchte Tötungshandlungen an der innerdeutschen Grenze, Unrechtsurteile aus politischen Gründen, Misshandlungen im Strafvollzug und Verschleppung oder politische Verfolgung in der DDR nachzugehen und Beweismittel darüber zu sammeln.

Dies sollte der Abschreckung potenzieller Täter dienen und so zu einer Erleichterung der Lebensverhältnisse in der DDR führen. Langfristig sollten die Informationen im Fall einer deutschen Wiedervereinigung zur Eröffnung von Strafverfahren dienen, was sie dann auch getan haben.

Viel schwieriger und wesentlich zeitaufwändiger war es, die Struktur und Befehlsketten in der Führungsschiene der Grenztruppen vom Schützen über die Offiziere und Generäle bis hin zum Verteidigungsministerium, zum Nationalen Verteidigungsrat und zum Politbüro zu erschließen. Außerdem tauchte die Frage auf, ob man gegen Erich Honecker, Egon Krenz u. a. als Staatsoberhaupt überhaupt verhandeln durfte, und wenn, waren sie Anstifter oder waren sie Täter? Alles Fragen, die auf uns Praktiker einstürmten.

Ich war an der Wiederholung des ersten Mauerschützenverfahrens sowie an den Verfahren gegen Erich Honecker und später auch Egon Krenz beteiligt. In einem ersten Aufsehen erregenden Verfahren hatte bereits 1992 die Schwurgerichtskammer unter dem Vorsitzenden Theo Seidel gegen ehemalige Angehörige der Grenztruppen der DDR verhandelt und einen der beiden Schützen wegen Totschlags an Chris Gueffroy, dem letzten Opfer des Grenzregimes der DDR an der

Berliner Mauer, zu einer Freiheitsstrafe von drei Jahren und sechs Monaten verurteilt.

Den anderen Schützen hatte die Schwurgerichtskammer vom Vorwurf der Anstiftung zum Totschlag durch den ersten Schützen freigesprochen. Wegen der zu hohen Strafe hatte der BGH das Urteil am 25. März 1993[3] im Strafausspruch aufgehoben, das bedeutete, der Schuldspruch und die ihm zugrunde liegenden tatsächlichen Feststellungen des ursprünglichen Urteils waren für den Wiederholungsprozess bindend. Der ebenfalls vom BGH aufgehobene Freispruch dagegen war völlig neu zu verhandeln. Für die Instanzgerichte brachte das aber ein Stück Klarheit und Sicherheit, ob sie in den Rechtsfragen richtig oder falsch lagen. Es war nun klar: Die Tötung von Flüchtlingen an der Berliner Mauer und innerdeutschen Grenze war rechtswidrig: Wie in einem Rechtsgutachten hatte der BGH durchgeprüft und entschieden. Ich beschränke mich hier der Kürze wegen auf die Ergebnisse.

Der oder die Schützen konnten sich nicht auf den Rechtfertigungsgrund der Notwehr berufen. Sie waren nicht durch Notstand gerechtfertigt. Eine Rechtfertigung der Schützen war auch nicht unter dem Aspekt des Widerstreites der Pflichten gegeben. Auch die StPO/DDR bot keinen Rechtfertigungsgrund. Die Schützen waren schließlich nicht durch § 27 des Grenzgesetzes gerechtfertigt.

Hierzu mehr, denn das war die Hauptklippe: § 27 des Grenzgesetzes der DDR gestattete die bedingt oder unbedingt vorsätzliche Tötung unbewaffneter Flüchtlinge, die nichts anderes wollten, als ohne Gefährdung anerkannter Rechtsgüter die Grenze zwischen der DDR und der Bundesrepublik überschreiten. Mithin ein Rechtfertigungsgrund, der der Durchsetzung des Verbotes, die DDR zu verlassen, Vorrang vor dem Lebensrecht des einzelnen Menschen gab.

Ein solcher Rechtfertigungsgrund aber muss – das war die Kernaussage des BGH – wegen eines offensichtlichen, unerträglichen Verstoßes gegen elementare Gebote der Gerechtigkeit und gegen völkerrechtlich geschützte Menschenrechte unbeachtlich bleiben. Die Staatspraxis der DDR, die vorsätzliche Tötung von Flüchtlingen durch Schusswaffen, Selbstschussanlagen oder Minen zur Vermeidung einer Flucht aus der DDR in Kauf zu nehmen, sei ein so offensichtlicher, unerträglicher Verstoß gegen elementare Gebote der Gerechtigkeit und gegen völkerrechtlich geschützte Menschenrechte – und sei daher nicht geeignet, die Täter zu rechtfertigen. Der Verstoß wiege so schwer, dass er die allen Völkern gemeinsame auf Wert und Würde des einzelnen Menschen bezogenen Rechtsüberzeugungen verletzt.[4]

---

3 BGH 5 StR 418,92, in: BHHSt39, 168 ff.
4 vgl. BGHSt 39, 1, 15 ff, 23 ff; 168, 184 f; 40, 241, 244 ff; 41, 101, 105 ff.

Der BGH hat sich für diese Begründung auf die nach dem Ende der national-sozialistischen Gewaltherrschaft für die Beurteilung des NS-Unrechts entwickelte Radbruch'sche Formel[5] zum Konflikt zwischen Rechtssicherheit und Gerechtigkeit berufen. In Wahrheit sei in diesem Bereich das praktizierte DDR-Recht Unrecht.

Radbruch hatte herausgearbeitet, dass bei schwersten Rechtsverletzungen, die im staatlichen Auftrag begangen worden sind, darauf zu achten ist, ob der Staat die äußerste Grenze überschritten hat, die nach allgemeiner Überzeugung jedem Land gesetzt ist. Diese Grenze hat die DDR überschritten, wenn Menschen nur deshalb getötet werden, weil sie waffenlos und ohne Gewalt ihr Land verlassen wollten. Diese so ausgefüllte Radbruch'sche Formel ist auch im Internationalen Pakt über bürgerliche und politische Rechte von 1966 sowie in der Allgemeinen Erklärung der Menschenrechte der Vereinten Nationen von 1948 verankert. Die DDR hatte sich selbst immer darauf berufen, diese naturrechtlich und international geschützten Mindeststandards einhalten und schützen zu wollen. Damit war ein Hauptpro-blem – das Rückwirkungsverbot des Art. 103 Abs. 2 GG – durch die Nichtanwendung dieses Rechtfertigungsgrundes aus dem Grenzgesetz nicht verletzt. Diese Rechts-auffassung ist vom Bundesverfassungsgericht und später auch vom Europäischen Gerichtshof für Menschenrechte bestätigt und gebilligt worden.[6] Außergesetzliche Rechtfertigungsgründe für die Grenzsoldaten als staatliche Funktionsträger kamen ebenfalls nicht in Betracht.

Der BGH hatte auch die Frage der Schuld entschieden: Nach dem Wehrstraf-gesetz der DDR trifft den auf Befehl handelnden Soldaten eine Schuld nur, wenn er erkennt, dass die befohlene Tat gegen das Strafrecht verstößt, oder wenn dies nach den ihm bekannten Umständen offensichtlich ist. Für jeden Soldaten – so der BGH – war es ohne weiteres einsichtig, dass es ein jeder vernünftigen Rechtfer-tigung entzogener Verstoß gegen das elementare Tötungsverbot war, wenn ein Grenzsoldat mit bedingtem Tötungsvorsatz einen sicher gezielten Schuss auf den Oberkörper eines Flüchtlings abgab. Angesichts der Diskussionen der Grenzsolda-ten über die Zulässigkeit tödlicher Schüsse auf Flüchtlinge, dem verbreiteten Stre-ben der Grenzsoldaten, den Wehrdienst mit „weißen Handschuhen", d. h. ohne auf Menschen geschossen zu haben, zu absolvieren, und unter Berücksichtigung der Praxis des Grenzregimes, der „Feuerpausen" bei Staatsbesuchen, der verhängten Nachrichtensperren, Schweigegebote und Vertuschungsbemühungen durch das MfS war offensichtlich, dass der Befehl, auf einen unbewaffneten Flüchtling unter

---

5 Gustav Radbruch, Gesetzliches Unrecht und übergesetzliches Recht, in: Süddeutsche Juristen-zeitung (SJZ) 1946, S. 105 ff.

6 BVerfG, NJW 1997, S. 929; EGMR, NJW 2001, S. 3035 u. 3042.

Inkaufnahme seines Todes zu schießen, auf strafbares Handeln abzielte. Ein Verbotsirrtum war in jedem Fall vermeidbar.

Bevor allerdings dieses Urteil des BGH in der Welt war, hatte die Staatsanwaltschaft gegen meine Erwartung bereits unter dem 12. Mai 1992 Anklage erhoben wegen Totschlags bzw. wegen Versuchs gegen Erich Honecker, Erich Mielke und Willi Stoph (*wegen 68 Fällen des Totschlags bzw. Versuchs in der Zeit vom 12. August 1961 bis 5. Februar 1989*), gegen Heinz Kessler (*wegen 34 Fällen in der Zeit ab 23. Oktober 1969*), gegen Fritz Streletz und Hans Albrecht (*wegen 26 Fällen ab 14. Juli 1974*), alle wegen Ausübung ihrer Ämter im Nationalen Verteidigungsrat der DDR. Es ging um Todesschüsse an der Berliner Mauer und an der innerdeutschen Grenze sowie um die Tötung durch Minen und Selbstschussanlagen.

IV Prozess gegen Erich Honecker

Mit der Anklage (783 Seiten) gingen ein 23 Leitzordner (LO) Hauptakten, 46 LO Beistücke, 65 LO Akten über Einzelverfahren und 8 Bände Sonderakten. Bevor die Anklage Erich Honecker auf diplomatischem Weg in der chilenischen Botschaft in Moskau zugestellt wurde, wollten die Russen und die Chilenen die Anklage erst sehen. Der Kammer wurde bekannt, dass die Bundesregierung nichts unversucht lassen wird, dass Erich Honecker den deutschen Behörden zur Durchführung eines rechtsstaatlichen Verfahrens überstellt wird. Den Russen gelang es offensichtlich, dass Erich Honecker die chilenische Botschaft freiwillig verlässt. Da die Russische Föderation unter Boris Jelzin kooperativ war, wurde der ehemalige Staatsratsvorsitzende Erich Honecker tatsächlich am 30. Juli 1992 in einem russischen Flugzeug nach Berlin überstellt. Noch an Bord wurde er festgenommen und in die UHA Berlin Moabit überführt.

Ich erinnere mich sehr gut an diesen Tag. Um 11 Uhr wurde Erich Honecker in dem etwas abgedunkelten Schwurgerichtssaal vorgeführt. Staubmantel, heller Anzug, rote Krawatte, Hut in der Hand, Brille, er blinzelte im Schwurgerichtssaal unsicher – für ihn ein Déjà-Vu – in den dreißiger Jahren war er ebenfalls in Moabit verhaftet. In Anwesenheit seines Verteidigers Friedrich Wolf und eines Vertreters der Staatsanwaltschaft habe ich ihm den Haftbefehl verkündet. Er erhielt den Haftbefehl und die Anklage ausgehändigt und erklärte, er habe nicht die Absicht, sich zu äußern. Der Termin dauerte genau sieben Minuten.

Bereits am gleichen Tag habe ich den Gerichtsmediziner Professor Schneider zur Frage der Verhandlungsfähigkeit und über den zu erwartenden Krankheitsverlauf beauftragt. Er sollte die vorhandenen Krankenunterlagen, das hohe Alter, die völlig neue Situation (nicht mehr Staatsratsvorsitzender, sondern Häftling) und eine zu erwartende mindestens zweijährige Verhandlungsdauer berücksichtigen.

Ein Onkologe und ein Gerichtspsychiater wurden eingeschaltet. Es ging auch um die Frage, ob er infolge der nicht optimalen Betreuung in der Haftanstalt seinem Krebsleiden erheblich früher erliegen könnte, als das bei Abbruch des Verfahrens der Fall sei.

Dabei war von Anfang an rechtlich umstritten, ob ein zur Einstellung des Verfahrens führendes Prozesshindernis erst dann vorliegt, wenn die Prognose, der Beschuldigte werde aufgrund seiner schweren Erkrankung die zu erwartende Hauptverhandlung nicht in verhandlungsfähigem Zustand durchstehen, sicher ist, d. h. zur Überzeugung des Gerichts feststeht, oder ob es ausreicht, dass eine hohe Wahrscheinlichkeit dafür ausreicht. Nach den vorliegenden Gutachten lag jedenfalls keine sehr hohe Wahrscheinlichkeit dafür vor, dass die Hauptverhandlung gegen Erich Honecker wegen seiner Erkrankung nicht durchgeführt werden konnte. Inzwischen war der Befund eines raumfordernden Prozesses im rechten Leberlappen gesichert. (Etwas später als bösartiger Lebertumor beschrieben.)

Mit dem Eröffnungsbeschluss vom 22. Oktober hatte die Kammer den Verfahrensstoff zum Zwecke der Verkürzung der Hauptverhandlung beschränkt und einen angepassten Haftbefehl verkündet. Noch am 2. November wurde der Onkologe Professor Kirstaedter gehört.

Die Verteidigung geißelte das Verfahren sofort als politischen Prozess, benutzte in Anlehnung an die Nürnberger Prozesse den diskriminierenden Begriff der Siegerjustiz und forderte, das Verfahren einzustellen, weil Erich Honecker das Ende des Verfahrens nicht mehr erleben würde. Durch ständige Informationen über die medizinischen Gutachten verstand sie es, in der Presse ein Klima zu erzeugen, in Moabit werde ein unmenschliches Verfahren gegen einen Todkranken inszeniert.

Die Öffentlichkeitsarbeit der Verteidigung war schlicht perfekt. Die Justiz wusste nichts entgegenzusetzen. Die Staatsanwaltschaft meinte, sich damit in der Öffentlichkeit nicht auseinanderzusetzen müssen. Meine eigenen Versuche, die Situation in ein objektives Licht zu rücken, brachten mich immer wieder in prozessuale Schwierigkeiten. Die Verteidigung war von Anfang an daran interessiert und setzte alle Hebel in Bewegung, mich als Vorsitzenden aus dem Weg zu räumen, weil sie in mir den gefährlichsten Gegner sah. Es ist ihr schließlich auch gelungen.

Am 12. November konnte ich um 9.30 Uhr im großen Schwurgerichtssaal die Hauptverhandlung eröffnen. Einen Tag zuvor hatte das Bundesverfassungsgericht mir persönlich einen Beschluss zugestellt und mich im Wege der einstweiligen Anordnung angewiesen, einem von den öffentlich-rechtlichen und privaten Fernsehanstalten gestellten Fernsehteam (eine sog. Pool–Lösung) vor dem Beginn und nach dem Ende der Verhandlung in angemessenem Umfang das Filmen im Gerichtssaal zu gestatten, und zwar vor dem Beginn der Verhandlung auch in Anwesenheit des Angeklagten Honecker. Ich wollte zwar vor dem Saal, aber nicht im Saal das Fernsehen in dieser Weise zulassen, um mich nicht dem Vorwurf auszusetzen, ich wollte einen Schauprozess führen. Bereits im Vorfeld war ich von linker Seite als Kommunistenfresser und wegen meiner journalistischen Beiträge zu Fragen der Rechts- und Justizpolitik, zu Fragen der Berlin- und Deutschlandpolitik für die Berliner Morgenpost angegriffen worden. Ein Thema, was in den Ablehnungsanträgen später seinen Niederschlag fand.

Wegen der eingeschränkten Verhandlungsfähigkeit, und um jede Gefährdung auszuschließen, hatte ich die dauernde Anwesenheit eines Notarztes sichergestellt.

Wer nicht erschien, war Willi Stoph, er war vom Kammergericht mit der Haft verschont worden. Nach amtsärztlicher Untersuchung wurde das Verfahren am zweiten Verhandlungstag gegen ihn abgetrennt.

Ebenfalls abgetrennt wurde das Verfahren gegen den 84 Jahre alten Erich Mielke, weil zu befürchten war, dass er nicht in zwei parallellaufenden Verfahren verhandlungsfähig war. Auf Wunsch des Vorsitzenden der 23. Strafkammer wollten wir das dort weit fortgeschrittene Verfahren wegen des Doppelmordes am Bülowplatz nicht gefährden. So kam es zu der absurden Geschichte, dass Erich Mielke zwar für einen in der Vergangenheit liegenden Doppelmord verurteilt wurde, sich aber niemals für das von ihm in der DDR begangene Unrecht verantworten musste. Das später noch einmal deswegen begonnene Strafverfahren haben wir wegen dauernder Verhandlungsunfähigkeit einstellen müssen. Das Vorgehen hatte aber den Vorteil, dass der Verfahrensstoff nochmals verkürzt werden konnte.

Die Hauptverhandlung wurde von den Verteidigern mit großem Störfeuer begleitet. Schon am zweiten Tag wurde gegen mich das erste Befangenheitsgesuch angebracht. Es folgten Besetzungsrügen, Einstellungsanträge, eben alles, was die Strafprozessordnung zur Verfügung stellt, um ein Verfahren zu verzögern oder ganz zu verhindern, in jedem Fall aber, um Munition für eine spätere Revision zu erlangen.

Verjährung und Amnestie wurden vergeblich eingewandt. Weder Honecker noch Kessler waren durch Immunität vor einer strafrechtlichen Verfolgung geschützt. Sie waren schon deshalb nicht als Repräsentanten eines fremden Staates anzusehen, weil die DDR zu diesem Zeitpunkt nicht mehr bestand. Auch aus dem Völkerrecht ergaben sich keine Hindernisse. Die im angloamerikanischen Rechtskreis anerkannte Regel des Völkerrechts, die sog. „act of state doctrine", welche besagt, dass Rechtsakte fremder Staaten der nationalen Kontrolle entzogen sind, ist keine Regel des allgemeinen Völkerrechts im Sinne von Art. 25 GG. Sie ist dem deutschen Recht nicht bekannt. Akte der Staatstätigkeit der DDR sind der Nachprüfung durch Gerichte der Bundesrepublik nicht entzogen, was sich im Übrigen aus Art 18 und 19 des Einigungsvertrages ergibt.

Der Vertreter der Nebenklägerin (die Mutter des letzten Maueropfers Chris Gueffroy), Rechtsanwalt Plöger, verzögerte das Verfahren mit dem absurden Antrag, die Identität von Erich Honecker zu überprüfen, die Russen hätten einen anderen Mann untergeschoben, und Erich Honecker erfreue sich seines Lebens am Schwarzen Meer.

Der Verteidiger RA Becker erörterte schließlich vor allem Publikum in öffentlicher Verhandlung in Gegenwart seines Mandanten die Entwicklung der Krankheit von Erich Honecker und behauptete, sein Mandant sei wegen des Leberkrebses in seiner letzten Lebensphase, er sei dem Tod sehr nahe. Eine nicht ganz einfache Situation für alle Beteiligten.

Am sechsten Verhandlungstag, dem 30. November 1992, gelang es immerhin, die Anklage durch die Staatsanwaltschaft verlesen zu lassen.

Am 3. Dezember 1992 machte dann Erich Honecker (dunkelblauer Anzug, weißes Hemd, roter Schlips) – der Prozessbeobachter Professor Uwe Wesel bemerkt dazu, vor dem Klassenfeind dürfe man keine Schwäche zeigen – von seinem Recht zur Äußerung Gebrauch. Er verlas eine 26 Seiten umfassende Erklärung. Sie begann mit den Worten, er werde dieser Anklage und diesem Gerichtsverfahren nicht den Anschein des Rechts verleihen, dass er sich gegen den offensichtlich unbegründeten Vorwurf des Totschlages verteidige. Verteidigung erübrige sich auch, weil er das Urteil nicht mehr erleben werde. Die Strafe, die das Gericht ihm offensichtlich zudenke, werde ihn nicht mehr erreichen. Ein Prozess gegen ihn sei schon aus diesem Grunde eine Farce, er sei ein politisches Schauspiel.

Und dann ging es zur Sache: *„Niemand in den alten Bundesländern, einschließlich der Frontstadt Westberlin, habe das Recht, seine Genossen Mitangeklagten oder ihn oder irgendeinen Bürger der DDR wegen Handlungen anzuklagen oder gar zu verurteilen, die in Erfüllung staatlicher Aufgaben der DDR begangen worden sind. Er spreche allein, um Zeugnis abzulegen für die Ideen des Sozialismus.“* Er rechtfertigte dann in einem geschichtlichen Abriss das Handeln der DDR-Organe, die DDR sei ein konsequent antifaschistischer Staat gewesen, der für sein Eintreten für den Frieden hohes internationales Ansehen besessen habe. Er schloss dann ab mit den Worten, dieser Prozess sei ein Siegerprozess, eine Fortsetzung des Kalten Krieges, ein Nürnberger Prozess gegen Kommunisten. Der Vortrag ließ auch nicht ein Fünkchen Einsicht in das ihm vorgeworfene Unrecht erkennen. Es hörte sich an wie eine Rechtfertigungsrede vor dem Zentralkomitee der SED. Die Presse kommentierte am nächsten Tag die Uneinsichtigkeit – aber man durfte wohl auch nichts anderes erwarten.

Nicht besser war die Einlassung des ehemaligen Verteidigungsministers Heinz Kessler am 7. Dezember 1992. Er berief sich ebenfalls für alles auf die konsequente Durchsetzung antifaschistischer Ziele. Alles klang schwerfällig und dienstlich. Er sei als Antifaschist, Sozialist, zum Kommunisten geworden, und deshalb stehe er jetzt vor Gericht. Schon unter Hitler sei er zum Tode verurteilt worden.

Jeder Versuch, Erich Honecker mit historischen Tatsachen und seiner Beteiligung am Mauerbau 1961 zu konfrontieren oder Heinz Kessler zu Organisationsdetails zu befragen, schlug fehl. Entweder meldeten sich Vertreter der Nebenklage oder die Verteidiger. Im Mittelpunkt aber ging es immer darum, das Verfahren gegen Honecker zu beenden, weil er das Ende ohnehin nicht erleben würde.

Erst am 14. Dezember 1992 kommt das Verfahren etwas in Fahrt, weil der dritte Angeklagte, Fritz Streletz – Sekretär des Nationalen Verteidigungsrats (NVR) – sichtlich bemüht ist, einen Beitrag zur Wahrheitsermittlung zu leisten. Er spricht soldatisch zu den Themen Grenze, Schusswaffengebrauch und Minenfelder, leugnet wie alle einen Schießbefehl, gibt aber Aufschluss über die Organisationsstrukturen und Befehlsketten sowie über den Ablauf der Sitzungen im NVR. (Anders das Protokoll der Sitzung des NVR vom 3. Mai 1974. Erich Honecker wörtlich: „[...] nach wie vor muss bei Grenzdurchbruchsversuchen von der Schusswaffe rücksichtslos Gebrauch gemacht werden, und es sind die Genossen, die die Schusswaffe erfolgreich angewandt haben, zu belobigen.")

Delikat der 14. Dezember 1992: Einer der Verteidiger Honeckers, Rechtsanwalt Nicolas Becker, hatte seine Frau als Sekretärin mitgebracht. Was wir nicht wussten, dass es die Schriftstellerin Irene Dische war, die später unerlaubt und unsigniert über einen nichtöffentlichen Teil der Sitzung im Magazin „The New Yorker" berichtet hat. Aufgedeckt wurde die Sache am 18. Januar 1993 in einem Artikel der Washington Post, abgedruckt in der Herald Tribune. Irene Dische durfte als angebliche Schreibkraft für RA Becker nämlich sitzen bleiben, als es um medizinische Gutachten, Röntgenbilder, CT-Aufnahmen, Krankengeschichte von Erich Honecker ging. Ein Radiologe erklärt am Fenster des Gerichtssaals, wie weit der bösartige Lebertumor bereits gewachsen ist, die Wachstumsgeschwindigkeit gebe für Erich Honecker möglicherweise nur noch 3 bis 6 Monate – „so wird man es wohl sagen müssen" – also keine sichere Prognose! Die Haftfähigkeit aber wurde weiter bejaht.

Dabei kam es zu einer fast lächerlichen Szene, weil der vom Anwalt einer Nebenklägerin, RA Ekkehard Plöger, herbeizitierte Prof. Hackethal meinte, es handele sich um einen harmlosen Fuchsbandwurm. Was mir dabei besonders im Gedächtnis blieb, ist, dass Prof. Hackethal überhaupt nicht in der Lage war, ein CT-Bild zu lesen, aber keiner der anwesenden Mediziner dies öffentlich gesagt hat, sondern dies erst später vertraulich haben verlauten lassen, obwohl Hackethal in der Sitzung hätte entlarvt werden können.

Am, 21. Dezember kam es dann zur entscheidenden Sitzung und zu meinem Fehler. Es war die letzte Sitzung vor Weihnachten. Die Verteidigung Honeckers rechnete offensichtlich mit seiner Entlassung, ein Flugzeug stand in Tegel zum Abflug nach Chile bereit. Die Staatsanwaltschaft hatte sicherheitshalber vor einer anderen Strafkammer eine weitere Anklage erhoben und einen Haftbefehl wegen Veruntreuung erwirkt und lehnte eine Einstellung des Verfahrens wegen der noch unsicheren Prognose für Erich Honecker ab. RA Plöger stellte sicherheitshalber einen neuen, erfolglosen Befangenheitsantrag gegen mich. Die Verteidigung beantragte eine rechtsstaatliche Entscheidung, berief sich auf die Menschenwürde und rückte die Staatsanwaltschaft in die Nähe des Nationalsozialismus.

In der langen Beratungspause begehe ich einen für mich verhängnisvollen Fehler. Er hätte mir nicht passieren dürfen. Während der vielen Pausengespräche im Beratungszimmer hatte ein Ergänzungsschöffe erfahren, dass Erich Honecker während der Haft einer Vielzahl von Autogrammwünschen nachgekommen war. Über die vom Gericht kontrollierte Gefangenenpost waren Bücher, Bilder und vieles mehr eingegangen und Erich Honecker hatte alles unterschrieben (Bücher, Bilder). Der Ergänzungsschöffe fragte mich deshalb, ob er nicht einen alten VEB-Stadtatlas von Berlin signieren lassen könne. Er wolle ihn seinem Enkel zu Weihnachten schenken. Ich hätte ihm sagen müssen, er solle das Buch per Post in die Haft an Honecker schicken, das aber hätte bis Weihnachten nicht mehr geklappt. Aus reiner Gutmütigkeit sagte ich deshalb, ich werde das Buch den Verteidigern geben, diese mögen es ablehnen oder ihren Mandanten fragen.

In einer Verhandlungspause ging ich dann raus auf den Gang und fragte die Verteidiger. Der Ostberliner Anwalt Dr. Friedrich Wolf nahm das Buch entgegen, sicherte Vertraulichkeit zu und wollte die Sache erledigen. RA Becker erklärte, wo hier schon jeder Wachtmeister ein Autogramm habe, könne auch der Ergänzungsschöffe eines bekommen.

RA Plöger hatte den Vorgang beobachtet und fragte mich nach Beginn der Verhandlung nach dem Inhalt meines Gesprächs, weil er eine Verfahrensabsprache vermutete. Ich verließ mich auf die Vertraulichkeit der Anwälte und erklärte etwas verschlüsselt, ich hätte einen routinemäßigen Postvorgang für Erich Honecker erörtert, was die Verteidiger von Honecker durch Kopfnicken bestätigten. Damit gab sich RA Plöger zufrieden.

Am Ende der Verhandlung abends gegen 17 Uhr fiel nach zäher und außerordentlich schwieriger Beratung die Entscheidung. Der Antrag auf Einstellung des Verfahrens wurde abgelehnt und die Haftfortdauer angeordnet. Nach der Jahreswende sollte ein neues Gutachten zur Prognose der Lebenserwartung eingeholt werden. Erich Honecker blieb in Haft. Der Traum von Weihnachten in Chile war geplatzt.

Am 23. Dezember 1992 holte dann die Verteidigung zu ihrem Schlag aus. Sie lehnte mich erneut wegen Befangenheit ab mit der Begründung, sie hätten meine Handlung als Zeichen angesehen, dass das Verfahren an diesem Tag beendet würde, und ich hätte bei meiner Erklärung nicht die Wahrheit gesagt. Um sich nicht den Vorwurf der Verspätung entgegen halten lassen zu müssen, erklärten sie, sie hätten den Vorgang Erich Honecker erst am nächsten Tag um 15.30 Uhr mitgeteilt. Erich Honecker hätte nun sein Vertrauen in die bürgerliche Justiz vollends verloren.

Gezeichnet hatten Ziegler und Becker, nicht dagegen Friedrich Wolff. Er hat später in seinem Buch geschrieben, es habe ihm widerstrebt, ein vertrauliches

Gespräch öffentlich zu machen und gegen seinen Gesprächspartner zu verwenden, letztlich habe er aber im Interesse des Mandanten zugestimmt, um mich zu entfernen.[7]

In dem Streit, ob Rechtsanwälte Organe der Rechtspflege oder Interessenvertreter ihrer Mandanten sind, hatte sich die letztere Auffassung zum wiederholten Mal Bahn gebrochen.

Das Gesuch hätte vermutlich keinen Erfolg gehabt, aber auch RA Plöger, der einfach kein Interesse daran haben durfte, stellte ebenfalls ein Ablehnungsgesuch gegen mich und den Ergänzungsschöffen.

Die Ereignisse überschlugen sich. Die Verteidigung rief den Berliner Verfassungsgerichtshof an. Das Kammergericht hatte alle Beschwerden gegen die Haftfortdauer verworfen, meinte aber, es sei sehr unwahrscheinlich, dass das Verfahren bis April 1993 abgeschlossen sein könnte. Im Hinblick auf die mit sehr hoher Wahrscheinlichkeit in Kürze weiter abnehmende Verhandlungsfähigkeit würde sich das Verfahren mindestens bis Ende 1993 hinziehen. So lange werde der Angeklagte mit an Sicherheit grenzender Wahrscheinlichkeit nicht leben. Das war Futter für die auf Verletzung der Menschenwürde gestützte Eingabe beim Verfassungsgerichtshof.

Am 4. Januar 1993 wurde die Verhandlung fortgesetzt. Die Nebenklage hielt nach anfänglicher Andeutung, ihr Gesuch zurückzunehmen, ihren Antrag aufrecht.

Am 5. Januar 1993 fiel die Entscheidung durch meine beiden Beisitzer und einen dritten Ergänzungsrichter. Einer der beiden öffnete die Tür zu meinem Zimmer und sagte einfach: „Sie sind abgelehnt." Meine Gegenfrage „Mit welcher Begründung?" beantwortete er mit: „Es bedarf keiner Begründung." und schloss die Tür. Der Beschluss lautete lapidar: „Die Ablehnungsgesuche sind begründet," fertig aus. Meinen Gemütszustand brauche ich Ihnen nicht zu beschreiben.

In der ohne mich weitergeführten Verhandlung gab der Leitende Arzt des Haftkrankenhauses plötzlich ein langes Gutachten ab, die Fortdauer der Haft würde zu einer schweren Beeinträchtigung der Gesundheit führen, der Krankheitsverlauf würde sich beschleunigen. Die Kammer beschloss eine erneute Untersuchung und neuen Termin zum 14. Januar 1993.

Am 12. Januar 1993 entschied der Berliner Verfassungsgerichtshof, die Entscheidungen des Kammergerichts und des Berliner Landgerichts über die Fortdauer der Haft würden aufgehoben, sie würden die Grundrechte des Angeklagten auf Achtung der Menschwürde verletzen. Die weitere Haft, die den Zweck habe, die Durchführung eines geordneten Strafverfahrens zu gewährleisten und die spätere Strafvollstreckung zu sichern, könne seinen Zweck nicht mehr erfüllen, da der

---

7 Friedrich Wolff, Verlorene Prozesse 1953-1998, S. 340.

Angeklagte ein Ende des Prozesses (Ende 1993) mit an Sicherheit grenzenden Wahrscheinlichkeit nicht mehr erleben werde.

Es ist müßig, über diese Entscheidung zu lamentieren. In der juristischen Literatur ist sie fast einmütig negativ beurteilt worden.[8] Der Berliner Verfassungsgerichtshof hatte in völliger Verkennung der Rechtslage eine nicht zu begründende eigene Zuständigkeit angenommen. Strafprozessrecht und Strafrecht sind Bundesrecht und kein Landesrecht. Nach überwiegender Rechtsansicht war die getroffene Entscheidung sowohl formal wie sachlich falsch. Die zum Tode führende Krankheit war kein Prozesshindernis, sondern ein Strafzumessungsgrund. Aber die Entscheidung war in der Welt, und alles bemühte sich nun, sich des Problems Honecker zu entledigen.

Der Leiter des Haftkrankenhauses stellte sofort ein Attest über die Flugfähigkeit aus. Das Landgericht stellte noch am gleichen Tag abends außerhalb der Hauptverhandlung das Verfahren ein und hob den Haftbefehl auf, ohne das bestellte Gutachten und den 14. Januar 1993 abzuwarten. Am 13. Januar 1993 stellte auch die 14. Kammer ihr neues Verfahren ein und hob seinen Haftbefehl auf. Mittags teilte die 27. Kammer mit, sie hätte den Beschwerden der Staatsanwaltschaft und der Nebenkläger gegen die Einstellung nicht abgeholfen; damit kam wieder das Kammergericht ins Spiel. Das Kammergericht hob noch am gleichen Tag den Einstellungsbeschluss auf. Er wurde Honecker noch am Flughafen zugestellt, wohin ihn zuvor eine Polizeieskorte in einer Limousine begleitet hatte. Das Kammergericht unterließ es aber, Honecker sofort wieder verhaften zu lassen, obwohl die Fluchtgefahr mehr als konkret und akut war. Die Staatsanwaltschaft reagierte etwas hilflos und teilte der Verteidigung nur mit, Honecker müsse sich nun der Hauptverhandlung am 14. Januar 1993 stellen.

Unbeeindruckt flog Erich Honecker um 20.25 Uhr von Tegel ab nach Chile und starb dort entgegen den Prognosen nicht 1993, sondern am 29. Mai 1994. Einer erneuten Ladung der Kammer ist er selbstverständlich nicht gefolgt.

---

8 Neue Zeitschrift für Strafrecht (NStZ) 1993, S. 298. Kritische Würdigungen bei Dieter Meurer, Der Verfassungsgerichtshof und das Strafverfahren, in: Juristische Rundschau (JR) 1993, 89 ff; Jörg Berkemann, Ein Landesverfassungsgericht als Revisionsgericht – Der Streitfall Honecker, in: Neue Zeitschrift für Verwaltungsrecht (NVwZ) 1993, 409 ff; Karl Wilhelm Fricke, Zwischen Rechtsstaatlichkeit und Gerechtigkeit. Das Dilemma des Honecker-Prozesses, Deutschland Archiv 26 (1993), S. 139 ff.

V Das Hauptverfahren gegen weitere Angeklagte

Das Hauptverfahren gegen die übrigen Angeklagten war weit zuvor am 16. September 1992 durch Urteil beendet worden. Kessler und Streletz wurden jeweils wegen Anstiftung zum Totschlag verurteilt. Kessler erhielt eine Freiheitsstrafe von siebeneinhalb Jahren und Streletz eine solche von fünf Jahren. Der Angeklagte Albrecht wurde wegen Beihilfe unter Einbeziehung einer anderen Strafe zu viereinhalb Jahren verurteilt.

Das Urteil wurde am 26. Juli 1994 durch Urteil des Bundesgerichtshofes rechtskräftig, allerdings mit der Maßgabe, alle drei Angeklagten seien nicht nur Anstifter oder Gehilfen, sondern Täter in der Rechtsform der mittelbaren Täterschaft. Gegen Albrecht wurde die Strafe auf fünf Jahre und einen Monat erhöht.[9]

Damit war für die Mitglieder des Nationalen Verteidigungsrats (NVR) und zugleich für die inzwischen angeklagten Mitglieder des Politbüros (Krenz u. a.) die Teilnahmeform geklärt. Sie waren weder nur Anstifter noch nur Gehilfen. Sie waren Täter, und zwar in der Form der mittelbaren Täterschaft. Die ganze Rechtskonstruktion beruht auf der von Roxin entwickelten Lehre zum Willen zur Tatherrschaft. Als Mitglieder des Nationalen Verteidigungsrates waren sie Angehörige eines Gremiums, dessen Entscheidungen zwingende Voraussetzungen für die grundlegenden Befehle waren, auf denen das Grenzregime beruhte. Die Mitglieder des Politbüros gehörten dem Machtzentrum der DDR an. Seine Entscheidungen lagen jedem staatlichen Handeln zugrunde.

VI Fazit

Angesichts der gegen die Mitglieder des NVR und des Politbüros verhängten Strafen (Krenz sechseinhalb Jahre und Schabowski und Kleiber jeweils vier Jahre) verbietet sich der Vorwurf der Siegerjustiz von allein. Der Begriff der Siegerjustiz ist unhistorisch und polemisch zugleich. Er geht auch deshalb fehl, weil für die Strafverfolgung konsequent das Strafrecht der DDR angewandt worden ist. Die Grundlagen für die Strafverfolgung sind im Einigungsvertrag vom 30. August 1990 gelegt worden, der seine demokratische Legitimation aus den zustimmenden Abstimmungen im Bundestag und Bundesrat sowie in der letzten frei gewählten Volkskammer der DDR findet. Siegerjustiz sieht anders aus oder hätte wohl anders ausgesehen!

---

9 Urteil des BGH vom 26.7.1994 – AZ 5 StR 98/94, NJW 1904, 2703.

Mein Fazit sieht so aus: Die Justiz stand nach der Wiedervereinigung beider deutscher Staaten vor der unglaublichen Herausforderung und Bewährungsprobe, das menschenverachtende Unrecht der SED-Diktatur aufzuarbeiten. Soweit es um die Toten an der Berliner Mauer und an der innerdeutschen Grenze geht, erlaubt die Gesamtbilanz den Schluss, dass – gemessen an dem vorsätzlich begangenen schweren Unrecht und der Todesfolge für die Opfer – die Sanktionen – für die Schützen, abgesehen von Exzesstaten, überwiegend Bewährungsstrafen – überaus maßvoll ausgefallen sind. Man kann getrost von „symbolischem Strafrecht" sprechen. Das Unrecht ist überwiegend nur beurkundet, nicht geahndet worden. Und die Justiz hat mühsam gelernt, strafrechtliche Maßstäbe zu finden, die an politisches Handeln anzulegen sind.

Die strafrechtliche Verfolgung der Rechtsbeugung ist – wie ich eingangs schon gesagt habe – in der Bilanz mehr als enttäuschend zu nennen. Sie ist m. E. kläglich gescheitert.

Soweit es die strafrechtliche Verfolgung der tausenden hauptamtlichen Mitarbeiter der Staatssicherheit der DDR angeht, die ungezählte DDR–Bürger ausspioniert, unterdrückt, physisch und psychisch zerbrochen haben (das gilt auch für Mitarbeiter aus den Vollzugsanstalten der DDR), ist die Justiz völlig überfordert gewesen. Die Beweisführung war unglaublich schwer, und es fehlte an personellen Ressourcen, um dieses Unrecht auch nur halbwegs angemessen zu verfolgen.

Soweit es um die Rehabilitierung bzw. Wiedergutmachung geht, muss immer daran erinnert werden, dass sich der gesamtdeutsche Gesetzgeber, wie schon zuvor die letzte frei gewählte Volkskammer der DDR, bewusst gegen ein öffentliches Tribunal, gegen den moralischen Diskurs entschieden hat. Es sollte im Kern Wiedergutmachung geleistet werden – der Begriff war durch die Wiedergutmachung des Nazi-Unrechts besetzt –, weil das DDR-Unrecht weder beseitigt ist noch beseitigt werden kann.

Man wird den Betroffenen eine unterschiedliche Beurteilung darüber zugestehen müssen, ob das Ziel trotz aufwändiger Bemühungen der Justiz erreicht worden ist.

Das Interesse der Opfer des SED–Unrechts an Aufklärung und Erinnerung ist ungebrochen. Das zeigen u.a die aktuellen Eingangszahlen beim Berliner Landgericht. Mit meinem Buch „Aufarbeitung des SED-Unrechts – Erinnerungen eines Richters" habe ich versucht, meinen Teil dazuzugeben, dass das Leid der Opfer bei einer Generation, die das nicht erlebt hat, nicht verloren geht, eine Generation, die alle Freiheiten des Grundgesetzes genießen kann.

Ich zitiere gern den Pfarrer von Rostock, den ersten Leiter der Stasi-Unterlagen-Behörde und späteren Bundespräsidenten Joachim Gauck: Er berichtet, dass die Staatssicherheit über ein nahezu unbeschränktes Arsenal von Maßnahmen verfügte, um jeden DDR-Bürger zu observieren, ihre Opfer zu entmutigen und zu zersetzen.

Ich habe in meiner richterlichen Tätigkeit die bittere Erkenntnis erfahren müssen, dass die politisch gesteuerte Justiz als Instrument der Verfolgung und Unterdrückung missbraucht wurde und sich missbrauchen ließ. Jede Form des Ablehnens der sozialistischen Gesellschaft wurde mit teilweise unmenschlichen Strafen geahndet. Unter dem Deckmantel des Antifaschismus sowie eines justizförmigen Verfahrens wurden Menschen gebrochen und Lebensläufe zerstört. Missliebige Bürger wurden aus politischen Gründen strafrechtlich verfolgt. Menschen, die ihr Land verlassen wollten, wurden an der Berliner Mauer und an der innerdeutschen Grenze getötet. Die Gerichtsprozesse gegen Honecker, Krenz und andere haben gezeigt: Nichts geschah in der DDR ohne oder gegen den Willen des Politbüros der SED.

Um noch einmal den Rostocker Joachim Gauck zu zitieren. Er schreibt: „Wo ich jetzt lebe, habe ich Grundrechte, garantiert durch die Verfassung, Gewissensfreiheit, Glaubensfreiheit, Meinungsfreiheit, Freiheit der Berufswahl, Versammlungsfreiheit, Forschungs- und Veröffentlichungsfreiheit."[10] Ich füge hinzu: und Reisefreiheit. Ich wünsche Ihnen allen, dass Sie sich dessen bewusst sind.

---

10 Joachim Gauck, Winter im Sommer – Frühling im Herbst, Siedler-Verlag, 18. Auflage 2009, S. 331.

Zum Autor

Hansgeorg Bräutigam, geboren am 3.5.1937 in Berlin.
1956 bis 1960 Studium der Rechtswissenschaften an der Freien Universität Berlin,
1960 bis 1964 Referendariat im Kammergerichtsbezirk Berlin,
1964 bis 1970 Richter an mehreren Berliner Amtsgerichten und am Landgericht Berlin,
1970 bis 1973 Pressereferent des Berliner Justizsenators und Leiter der Justizpressestelle,
1973 bis 1977 Regierungsdirektor und Senatsrat am Justizprüfungsamt,
1977 bis 1978 Ermittlungsrichter am Kammergericht,
1979 bis 2002 Vorsitzender Richter am Landgericht Berlin (allgemeine Strafkammer, Wirtschaftsstrafkammer und Schwurgericht)
1990 bis 1992 zusätzlich Strafkammer für Kassation und Rehabilitierung,
1991 bis 1994 Vorsitzender der Erzbischöflichen Schlichtungsstelle im Erzbistum Berlin im Nebenamt,
Seit 2002 im Ruhestand,
Bis 2007 weiterhin Mitglied des Gemeinsamen Justizprüfungsamtes Berlin – Brandenburg und Vorsitzender im 1. und 2. Staatsexamen sowie Arbeitsgemeinschaftsleiter für Referendare,
2002 bis 2005 Vorsitzender der Schiedsstelle nach SGB XI im Land Brandenburg,
2006 Schiedsperson nach § 132 a SGB V zwischen den Krankenkassen und den Pflegeeinrichtungen des bpa in Brandenburg,
Zahlreiche rechts – und justizpolitische Beiträge in der Berliner Morgenpost, Deutschland-Archiv und jur. Fachzeitschriften, Autor vieler Rundfunkbeiträge im Sender Freies Berlin zum Verkehrsrecht, 25 Jahre ehrenamtliche Tätigkeit im Bund gegen Alkohol und Drogen im Straßenverkehr.

Autor der Bücher:
„Terroristen vor dem Kammergericht – Drei Berliner Strafprozesse nach 1968"
erschienen 2020 im Berlin-Story Verlag,
„Die Aufarbeitung des SED-Unrechts – Erinnerungen eines Richters"
Erschienen 2021 im Berlin-Story Verlag.

Schriftenreihe der Juristischen Gesellschaft zu Berlin

Mitglieder der Gesellschaft erhalten eine Ermäßigung von 40 %

www.ingramcontent.com/pod-product-compliance
Lightning Source LLC
Chambersburg PA
CBHW021611210326

41599CB00010B/709